AF495895

MEMOIRE DU MAIRE D'ISTRES

EN RÉPONSE A UNE

Protestation contre la Taxe établie sur les Troupeaux qui usent de la vaine pâture

ET TENDANT A SON ABOLITION

AVIGNON
IMPRIMERIE ADMINISTRATIVE GROS FRÈRES, RUE GÉLINE, 3 ET 5.

1869

EXTRAIT

Du Registre des Délibérations du Conseil Municipal de la Commune d'Istres.

Séance du 7 février 1869.

L'an mil huit cent soixante-neuf et le sept février, le Conseil municipal de cette commune s'est réuni au nombre prescrit par la loi, dans le lieu habituel de ses séances, en session ordinaire du mois de février, sous la présidence de M. le Maire.

Étaient présents : Messieurs Girard, David Martin, Belfrond, Maurel, Cauvet Autheman, Jourdan, Félix Girot, Lataud et Tournon maire.

M. le Maire donne lecture au Conseil d'une protestation présentée à l'autorité supérieure par Messieurs B. Vial, Jacques Roche, Mathieu Long, Marius Long, Blaise Gros, Barbaroux, Ivaren, Jules de Courtois, le Marquis de Lubière, Coupin et Crémieux tendant à faire abolir la taxe établie sur les troupeaux qui usent de la vaine pâture dans la commune.

Après cette lecture, M. le Maire invite le Conseil à donner son avis sur cette protestation.

Le Conseil municipal :

Attendu que le Conseil a parfaitement connaissance de ce dont il est question et qu'il s'est prononcé plusieurs fois sur cette affaire,

Est d'avis que la commune soit autorisée à défendre à l'action qu'on veut lui intenter, et prie M. le Maire de répondre aux attaques mensongères contenues dans cette protestation.

Fait et délibéré en séance à la Mairie, les jour, mois et an susdits.

Et ont signé les membres présents.

A M. le Préfet et à MM. les Membres du Conseil de Préfecture des Bouches-du-Rhône.

Messieurs

Avant de répondre à la protestation citée dans la présente délibération, il est de notre devoir de vous exposer que la plupart des propriétaires ou fermiers qui l'ont signée, ont, depuis la création de la taxe sur la vaine pâture, adhéré aux arrêtés municipaux sans observation et que s'ils protestent aujourd'hui, ce n'est qu'à l'instigation d'un sieur Cyrille Vial, et que celui-ci a pris cette initiative parce qu'à l'époque de l'établissement de cet impôt, le Conseil municipal supprima, sur le budget de la commune, une somme de 500 francs qui lui était allouée à titre d'auxiliaire au secrétaire de la Mairie, et ledit Vial représentant en même temps les hoirs de Suffren qui ont un coussou soumis à la vaine pâture, jura qu'il se vengerait de cet acte, en suscitant des embarras à l'Administration. Nous n'avons pas de la peine à prouver ces assertions, il a tenu ce langage, nous en avons les preuves, et personne autre que lui n'a jamais paru à la Mairie pour fouiller dans les archives, prendre des notes et rédiger des mémoires. C'est le quatrième qu'il adresse ou qu'il fait adresser à l'autorité supérieure.

Que M. Vial soit l'instigateur de cette protestation, ce n'est pas, bien entendu, avec cet argument que nous voulons prouver que les réclamants n'ont pas raison, mais nous voulons dire que la passion d'un seul peut quelquefois et même souvent faire égarer des gens qui n'auraient nulle envie d'intenter et de soutenir un procès.

Cela dit, nous allons répondre à ladite protestation, afin qu'il vous plaise, Messieurs, de vouloir bien autoriser la commune à défendre à l'action qu'on veut lui intenter.

Les réclamants commencent en disant :

« Les soussignés ont été vivement surpris de voir l'Administration s'arroger « un droit qu'elle n'a pas, et auquel aucune Administration n'avait jamais pré- « tendu; néanmoins, pour éviter toutes les difficultés qui auraient été la consé- « quence d'une résistance, ils ont cru devoir se soumettre à ces exigences « en attendant de s'adresser à qui de droit pour faire annuler les délibérations « et arrêtés précités. »

Nous répondons :

Non, les réclamants n'ont pas été surpris de l'établissement d'une taxe sur les troupeaux qui usent de la vaine pâture, parce que depuis la création de ce régime sur les troupeaux d'Arles, la plupart des propriétaires de troupeaux de la commune d'Itres, sollicitaient l'Administration de celle-ci d'en faire autant, attendu que sans la taxe sur les troupeaux d'Istres, la mi-carême arrivant, les coussous de cette commune étaient envahis par les Arlésiens qui se ménageaient toujours un pied à terre dans le territoire; ce système les faisait admettre à la vaine pâture et nos propriétaires de troupeaux étaient ainsi lésés; c'est pour ainsi dire la force des choses et la volonté publique qui ont établi la taxe, et les réclamants n'en ignoraient point.

En ce qui touche le droit que l'Administration s'arroge à tort, parce que les Administrations précédentes n'y avaient jamais prétendu, c'est tout comme si les réclamants reprochaient au gouvernement d'avoir établi la taxe sur les chiens, parce que les gouvernements précédents n'y avaient jamais prétendu.

Ils continuent et disent :

« La création de cet impôt a soulevé une réprobation générale, il semble que « l'on a voulu favoriser les propriétaires fonciers au préjudice de la généralité « des propriétaires de troupeaux, en demandant à ceux-ci seuls les sommes « dont la commune peut avoir besoin pour solder les dépenses excessives et « peu fructueuses auxquelles elle s'est livrée.

Nous répondons encore :

Comment voulez-vous qu'un impôt qui est payé par 75 contribuables sur deux mille ait soulevé une réprobation générale, il serait difficile de faire croire cela à toute personne sensée ; nous sommes certain que c'est le contraire qui a eu lieu et qu'aucun impôt n'a jamais pu être si favorablement accueilli que l'a été celui-là, et nous pouvons nous flatter que sans M. Cyrille Vial il n'y aurait pas eu une seule protestation ; nous en avons vu la preuve la première année, lorsque 74 propriétaires de troupeaux sur 76 ont adhéré sans observations et que seuls Jacques Roche et les hoirs de Suffren, guidés par le sieur Vial, n'ont pas fait la déclaration que prescrit l'arrêté municipal.

Non, Messieurs, cet impôt n'a pas soulevé une réprobation générale, il n'a trouvé à Istres qu'un seul adversaire, le sieur Vial, qui, malgré les échecs qui l'ont désappointé, est allé recueillir des suffrages qui plaideront de leur argent, pour le venger de l'insulte qu'il croit avoir reçue du Conseil municipal.

En ce qui concerne la faveur que nous avons voulu faire aux propriétaires fonciers, nous ne nous en défendons pas et nous classons cela parmi les devoirs qu'une Administration juste et équitable a à remplir.

Que les réclamants sachent que nous trouvons dans les instructions que nous avons l'habitude de consulter, ceci écrit en toutes lettres : « C'est au Conseil « municipal à rechercher les terrains susceptibles de donner un produit quel- « conque à la commune et d'en proposer l'amodiation. Les propriétaires riches « en bétail, profitant particulièrement des fruits des propriétés communales, « il serait équitable de leur faire supporter des taxes proportionnées à ces avan- « tages, afin qu'ils concourent dans de justes proportions à l'acquittement des « charges ordinaires. Les Conseils municipaux feront donc bien d'établir des « rôles partout où une partie quelconque des propriétés communales est li- « vrée au pâturage. » (*Ecole des communes*, 1851).

Croyant fermement que les coussous de la Crau sont en partie de la commune, nous avons bien fait d'établir les rôles dont il est question, et nous avons d'autant bien mieux fait que ce qui était dans un temps passé l'apanage des pauvres gens, est devenu aujourd'hui la base d'une grande industrie qui ne paye pas patente.

Ils disent encore :

« C'est pour solder les dépenses excessives, peu fructueuses, auxquelles elle « s'est livrée et procurer un avantage à quelques propriétaires de troupeaux « dont l'influence n'est sans doute pas étrangère à l'établissement de cet impôt

« et auxquels, moyennant la redevance de cinq centimes par tête de bétail, il « est permis de conduire à la vaine pâture un nombre illimité de bêtes. »

Avant d'écrire ces lignes, M. Vial aurait dû consulter sa conscience et, assurément, elle ne lui aurait pas dicté ce reproche qui, s'il était mérité, pourrait bien lui tomber de tout son poids sur la tête.

Vous oubliez donc, M. Vial, que quand les dépenses que vous condamnez se sont faites, vous étiez collaborateur du Maire. Ignorez-vous que ces dépenses étaient très utiles et que pour les payer il n'est pas besoin d'établir des rôles, parce qu'il n'est rien dû à personne?

Vous faites-là chorus avec le vulgaire qui répète ce que le *Mossieu* mécontent lui a dit; aussi, si un autre personne que vous s'était occupée une seule minute de cette affaire, nous dirions, cela n'est pas de vous.

Nonobstant, nous ne saurions trop louer le Conseil municipal d'avoir consenti les dépenses que vous semblez nous reprocher et d'avoir après adopté le système économique qui vous a supprimé 500 francs de rente.

Les réclamants doivent savoir, en outre que le Conseil municipal ne permet à personne de conduire à la vaine pâture un nombre de bêtes illimité et que si plusieurs d'entre eux ont agi ainsi, c'est en bravant la défense qui leur en a été faite, mais il faut espérer que la commune sera assez forte à l'avenir pour faire respecter les actes de son Administration, nonobstant l'énergie mal placée des réfractaires.

Pour contrôler les actes du Conseil municipal, le sieur Vial s'est une fois de plus transporté à la Mairie pour prendre copie de la délibération du 21 Mars 1868, par laquelle ledit Conseil fixe le nombre de bêtes que certains propriétaires peuvent mener à la vaine pâture, et il en deduit que M. Olive César, conseiller municipal, n'a qu'une étendue de pâturage de 61 hectares, et peut mettre 1200 bêtes au parcours, que M. Estève Jean Baptiste, avec 71 hectares, en met 1100, que M. Olive Laurent, frère, comme Estève Jean-Baptiste, d'un conseiller municipal, n'a que 128 hectares de coussou et qu'on lui permet de mettre 1000 bêtes à la vaine pâture. Il dit ensuite que : « Ces chiffres prouvent « assez que l'Administration municipale ne tient aucun compte des droits des « autres propriétaires qui ne mettent à la vaine pâture qu'un nombre de bêtes « justement proportionné au pâturage qu'ils ont. »

On trouve ici une preuve de plus, justifiant cet ancien proverbe :

La critique est aisée, mais l'art est difficile.

Vous auriez beau jeu, Messieurs les pétitionnaires, si on vous croyait sur parole.

Vous reprochez précisément à l'Administration ce que depuis vingt ans tous les intéressés à la vaine pâture reprochent à la plupart d'entre vous.

Vous dites que M. Ovide César n'a que 61 hectares de coussou au quartier de Redortier, mais vous ne dites pas que ce même coussou est d'une contenance de 150 hectares environ, nonobstant le cadastre, et qu'il avait en même temps à ferme un autre coussou, celui de Kalissanne, qui est d'une contenance de 300 hectares environ.

Vous dites ensuite qu'il était permis à M. Estève Jean-Baptiste de mettre 1100 bêtes à la vaine pâture, et qu'il n'a 71 hectares de pâturage, mais vous ne dites pas qu'avec le coussou de 71 hectares il avait aussi celui de la Coquillarde qui est d'une contenance de 175 hectares, et que ledit Estève, avec tout cela, avait encore plus de pâturage dans le territoire d'Arles que ce qu'il en avait dans celui d'Istres, et qu'il n'a jamais eu plus de 1100 bêtes, et que pas une seule n'a profité de la vaine pâture, attendu que son bétail a eu la clavelée.

Vous dites encore que M. Olive Laurent a mis 1000 bêtes au parcours et que pourtant il n'a qu'un coussou de 128 hectares de contenance, mais vous ne dites pas qu'il avait encore à ferme celui de Groopède, appartenant à M. Icar, qui est d'une contenance de 300 hectares et qu'il pouvait, avec cette contenance, nourrir beaucoup plus de bêtes que ce qu'il en mit à la vaine pâture.

Cela dit, Messieurs les pétitionnaires, nous vous demanderons si vous exigez toujours les preuves de ce que nous écrivons, l'Administration est en mesure de vous les fournir en toute occasion. C'est pourquoi elle vous invite à mieux vous renseigner une autre fois, quand vous voudrez contrôler ses actes ; elle n'est pas avare, vous le savez, pour ce qui concerne la communication des pièces qui peuvent vous éclairer sur vos droits ; par conséquent, ne vous laissez plus égarer par la passion, ne venez plus mentir ainsi à si bon marché.

Vous osez dire ensuite que : « l'Administration oublie les promesses conte-
« nues dans les arrêtés précités qui devaient avoir pour effet de réprimer les
« abus et de protéger les troupeaux de la commune contre les troupeaux
« étrangers que l'on y introduit chaque année. »

Mais vous ne dites pas, Messieurs, que vous êtes vous-mêmes ces abus personnifiés, nous vous prouverons que votre assertion est mensongère en ce qui concerne la répartition que vous condamnez. Mais, de votre côté, vous, Monsieur le marquis de Lubière, prouvez-nous qu'avec votre coussou du Prignan vous pouvez mettre 1500 moutons venant de Roquemartin dans la Crau en temps de vaine pâture. Non, vous ne le pouvez pas, et nous vous défions de le prouver.

Vous, Monsieur Barbaroux, prouvez-nous que lorsque vous n'avez que votre pâturage de Jean Guiran, qui est nul (et cela vous arrive souvent), vous pouvez mettre dans la Crau deux ou trois mille moutons qui ruinent tout, partout où ils passent.

Et vous, M. Jacques Roche, prouvez-nous qu'avec votre coin de pâturage, comme vous avez à Guillen, vous pouvez mettre, comme vous le faites toutes les années, 1200 bêtes à la vaine pâture ?

On le voit bien, Messieurs, ce n'est pas à la taxe que vous en voulez, mais bien aux mesures que la commune a décidé de prendre pour vous empêcher d'abuser de vos positions ; mais, soyez-en convaincus, quel que soit le sort de la taxe, l'Administration saura réprimer une telle injustice.

Ils poursuivent en disant :

« La commune fonde ses prétentions sur la déclaration faite par les Maires « et Consuls dans les actes de vente des coussous communaux. Il est impos- « sible de voir dans cette déclaration, dans laquelle repose toute la difficulté, « autre chose que l'indication d'une servitude qui, depuis un temps immémorial, « frappait tous les coussous du territoire, aussi bien ceux de la commune que « ceux des particuliers, ainsi que cela résulte des transactions des 15 janvier « 1537 et 15 mars 1660, où l'Administration municipale croit trouver une « arme à l'appui de ses prétentions, tandis qu'elle renferme seulement la preu- « ve de l'existence du droit de vaine pâture sur les coussous de la Crau. »

Nous n'avons pas la prétention de mieux apprécier les titres de la commune que les jurisconsultes qui s'en sont occupés d'une manière sérieuse ; par conséquent, nous nous tairons là-dessus et nous dirons que la réserve faite par les Maires et Consuls est une condition expresse de la vente, et que les lois anciennes et nouvelles disent : « Toute servitude est éteinte lorsque le fonds à qui elle « est due et celui qui la doit sont réunis dans la même main. » (Voir l'article 705 du Code civil).

Ainsi, d'après ces dispositions des lois, quand même une servitude aurait existé sur les coussous de la commune, avant qu'elle en fût propriétaire, cette servitude aurait été éteinte par l'acquisition qu'elle aurait fait du fonds servant, et étant convenu que la date de la possession se perd dans la nuit des temps, il est par là même démontré qu'il n'a pu y avoir aucune servitude, et que l'usage des habitants n'était qu'un acte de propriétaire, puisque ce sont les habitans qui composent la commune.

Mais, puisqu'on nous parle de transactions, qui donc les a consenties ? qui les a en possession ? où sont elles ? Ces questions vont paraître probablement insignifiantes aux réclamants. C'est égal, nous leur dirons : ce sont les Maires et Consuls de la commune qui les ont consenties, la commune les possède ; l'instigateur de cette protestation les a vues dans les archives de la Mairie. De quelle partie contractante voulez-vous faire partie? (Ne pas confondre les transactions et les actes de vente).

Permettez-nous de vous dire, Messieurs les réclamants : si cette généralité des habitants était constituée en syndicat pour ce qui concerne la vaine pâture, si la commune avait été hors de cause, si la généralité des habitants et la commune étaient deux choses distinctes, on pourrait, en quelque sorte, avoir quelque doute sur les attributions du conseil municipal à ce sujet. Mais, s'il n'est pas écrit dans la loi qu'en règlementant la vaine pâture le conseil municipal peut l'imposer, il n'y est pas écrit non plus qu'il ne le peut pas.

Ils disent plus loin :

« La commune ne pouvait par conséquent pas se réserver le droit qu'elle « prétend avoir qui est essentiellement attaché au fonds, pas plus que n'au- « rait pu le faire un simple particulier. Que diraient en effet les tribunaux si « un propriétaire qui, ainsi que l'a fait la commune, aurait touché le prix d'un « coussou vendu par lui, viendrait réclamer une redevance quelconque à son « acquéreur, sous prétexte qu'il a fait mettre dans l'acte de vente que le « coussou ne serait défensable que de St-Michel à la Mi-Carême? »

Il nous sera permis de dire que cette comparaison est dérisoire, que la commune ne demande rien à son acquéreur, elle ne lui demande que tout autant qu'il use de la vaine pâture, droit qui appartient à la généralité des habitants et que celle-ci a voulu imposer, non pas pour payer les dépenses excessives, comme le disent les réclamants, mais bien pour payer les dépenses annuelles et qui sont très ordinaires, en proportion de son importance, mais plus élevées que par le passé.

Par conséquent, les réclamants confondent la propriété et l'usage, qui n'est autre chose qu'un glanage.

Qu'importe cet impôt à celui qui a un coussou et qui n'a pas de troupeau ; au contraire, il y gagne ; les charges de son coussou, de sa propriété, de son fonds, se trouvent allégées en proportion du rendement de cet impôt.

Ils disent encore, après cette comparaison, que :

« Les tribunaux diront à la commune : votre acquéreur laisse ses pâturages « libres de la Mi-Carême à St-Michel, il reçoit ceux que vous avez obligé de

« recevoir et chez lesquels, par compensation, il a le droit d'aller, il permet « aux habitants de faire du bois, vous n'avez par conséquent plus rien à lui « demander, puisqu'il remplit toutes les obligations auxquelles il s'est soumis « lorsqu'il a acheté. »

Non, les tribunaux ne diront pas cela à la commune, car la commune ne demande rien à ses acquéreurs, elle fait payer un article qui lui appartient, elle crée une taxe proportionnée aux avantages.

Ils poursuivent en disant :

« La taxe qui est portée à cinq centimes par tête pourrait être portée à un « franc et plus, s'il plaisait à la commune. »

Là ils oublient que les actes de la commune sont soumis à l'approbation du Préfet et que si la commune, tentée par l'appât du produit, ne se tenait pas dans une limite raisonnable, M. le Préfet saurait la contraindre à rétrograder.

Les réclamants renchérissent sur une erreur qui existe dans la délibération du comité consultatif des communes, et ils sont heureux de prouver que l'administration a dit une chose fausse, et qu'ayant parti d'un principe faux, tout doit être faux dans leur avis.

Cette chose fausse, la voici !

« Le mode d'exercice de cette servitude y a toujours été règlementé, « depuis son origine, par le conseil général ou municipal, non-seulement par « le nombre et l'espèce de bestiaux admis à la vaine pâture, mais encore « quant à la quotité à payer par le propriétaire. »

Quant à la règlementation depuis son origine, les réclamants eux-mêmes citent quelques écrits qui prouvent assez que la commune a toujours eu cette affaire en surveillance. — Nous croyons qu'il n'est pas nécessaire de raisonner plus longuement à ce sujet, car aux nombreux écrits que la commune possède, nous pourrions au besoin ajouter l'article 13 de la loi du 6 octobre 1791.

En ce qui concerne la taxe, c'est autre chose, nous ignorons comme les réclamants, qui a pu donner ces renseignements au comité. Mais nous ne nous alarmons pas pour cela, nous reconnaissons que ce ne peut être que le résultat d'un mal entendu, ou une erreur qui n'est pas de nous, car nous sommes bien d'accord sur la date de son origine. C'est en 1865 que le conseil municipal a délibéré de l'établir, et c'est en 1866 qu'elle a été payée pour la première fois. Nous trouvons étonnant que cette petite erreur, à laquelle nous ne nous étions pas arrêté, ait ainsi alarmé les réclamants, alors qu'il est écrit dans tous les registres de la mairie, qui sait combien de fois, et que tout le monde sait, que la taxe sur la vaine pâture, a été établie tout récemment. Du reste, si ce n'était ainsi, pourquoi la protestation qui nous occupe ici aurait-elle eu lieu.

Pour en finir avec les titres de la commune sur l'usage de la vaine pâture, supposons de faire abstraction de tous les écrits et de faire exister la chose comme elle existe de par la loi, c'est-à-dire dépendante du Conseil municipal et du Maire et que ceux-ci s'occupent activement de la chose, comme ils le font. Il est vrai que leurs traitements ne sont pas chers, mais n'est-il pas équitable que cette chose paye une rétribution ? Le Conseil municipal et le maire n'ont-ils pas des agents qu'il faut rétribuer? La vaine pâture n'occupe-t-elle pas un personnel ? Les gardes champêtres, des gardes spéciaux, le commissaire de police, le secrétaire s'occupent de la vaine pâture, par conséquent elle doit.

Avant de terminer, nous voulons encore répondre à ceci :

« Le prétendu apport de la commune imaginé par les personnes qui ont « fourni des renseignements au comité consultatif n'existe réellement pas. La « commune ne donne rien quand vient la mi-carême. »

Que voulez-vous qu'elle donne encore, puisqu'elle donne tout; quand vient la Mi-Carême, tout ne lui appartient-il pas? Peut-on admettre que si elle n'avait pas fait la réserve expresse, en vendant, que les coussous ne seront défensables que de St-Michel à la Mi-Carême, elle les aurait vendus 29 francs l'hectare comme elle l'a fait? Et puis encore, à qui appartiennent-elles ces grandes carraires qui pendant toute l'année fournissent des pâturages et donnent des facultés aux troupeaux de vous tous? Ne laisse-t-elle pas là, la commune, des contenances énormes desquelles elle pourrait retirer un avantage considérable ? Vous parlez de 63 hectares et vous dites qu'ils n'y sont pas? Nous ne prenons pas la peine de répondre, l'opinion publique le fera pour nous, seulement nous estimons que l'herbe que vos troupeaux mangent pendant toute l'année dans les vastes carraires communales et dans les nombreuses parcelles de coussous que la commune possède encore en toute propriété vaut plus que le produit de la taxe retiré par elle.

Nous vous défions, Messieurs les réclamants, de pouvoir nous opposer des arguments assez puissants pour combattre et réfuter avec succès le simple raisonnement que voici :

La réserve faite sur la vaste étendue de la Crau appartient à la commune c'est incontestable; elle règlemente la chose, la surveille et la régit, elle ménage des grandes carraires, dans son territoire, de 30, 40, 60, 100 mètres et même 150 mètres de largeur, et cela dans l'unique but de favoriser vos troupeaux; elle laisse encore, dans l'intérêt de vos troupeaux, de nombreuses et grandes parcelles de Crau qui sont nécessaires au repos de vos bêtes quand elles partent pour la montagne, ou quand elles arrivent, ou bien quand elles passent dans le courant de l'année ; la commune fait donc tous ces sacrifices pour ne rien retirer, elle dépense ce qu'elle a de terrain, elle donne ses peines et soins pour vous offrir des priviléges à vous possesseurs de trente mille bêtes à laine qui refusez de lui donner un sou, sous le prétexte que vous contribuez assez aux charges de la commune en payant l'impôt foncier de vos coussous qui est presque nul.

Nous vous engageons, avant de plaider avec la commune, de consulter un jurisconsulte plus éclairé que M. Vial.

. . . .

Nous adressant à vous maintenant, Messieurs les Préfet et Membres du Conseil de Préfecture,

Nous vous disons avec cette fierté qui caractérise une administration qui a conscience de l'acte qu'elle a accompli :

MESSIEURS,

Vu l'apport considérable mis par la commune dans cette espèce d'association territoriale ;

Vu l'augmentation des charges ordinaires qui grèvent la commune ;

Vu les peines et soins qu'occasionne l'usage de la vaine pâture à la municipalité ;

Vu les avantages que les usagers en retirent ;

Vu les transactions de 1537 et 1660 ;

Vu les actes de vente de 1715 ;

Vu les lois des 6 octobre 1791 et juillet 1837 ;

Vu la délibération du conseil municipal qui vôte un impot de cinq centimes par tête de bétail profitant des avantages ;

Vu l'avis du comité consultatif des communes ;

Vu la protestation à vous adressée par MM. B. Vial, Jacques Roche, Mathieu

Long, Marius Long, Blaise Gros, Barbaroux, Yvaren, Jules de Courtois, le marquis de Lubière, Coupin et Crémieux ;

Vu la délibération du conseil municipal du sept février courant ;

Considérant que tout milite en faveur de la commune et que tout est contre la protestation suscitée, et que, dès-lors, il n'y a aucune crainte à ce que la commune s'engage dans un procès dont le succès ne peut être douteux,

Concluons à ce que la commune d'Istres soit autorisée à défendre à l'action que les dénommés se proposent de lui intenter, et nous vous prions d'en délibérer ainsi.

Et veuillez agréer, Messieurs les Préfet et Membres du Conseil de préfecture, l'assurance de nos sentiments les plus respectueux.

Le Maire d'Istres,

Signé : JOSEPH TOURNON.

Istres, le 26 février 1869.

www.ingramcontent.com/pod-product-compliance
Ingram Content Group UK Ltd.
Pitfield, Milton Keynes, MK11 3LW, UK
UKHW021018220726
13924UKWH00001B/46